BEI GRIN MACHT SICH IHR
WISSEN BEZAHLT

- Wir veröffentlichen Ihre Hausarbeit,
  Bachelor- und Masterarbeit

- Ihr eigenes eBook und Buch -
  weltweit in allen wichtigen Shops

- Verdienen Sie an jedem Verkauf

Jetzt bei www.GRIN.com hochladen
und kostenlos publizieren

Alexander Broz

Darstellung und Analyse der Elemente und Strukturen von Dienstleistungsprozessen

Dienstleistung und Dienstleistungsproduktion

GRIN Verlag

Bibliografische Information der Deutschen Nationalbibliothek:

Die Deutsche Bibliothek verzeichnet diese Publikation in der Deutschen National-
bibliografie; detaillierte bibliografische Daten sind im Internet über http://dnb.d-
nb.de/ abrufbar.

Impressum:

Copyright © 2009 GRIN Verlag GmbH
Druck und Bindung: Books on Demand GmbH, Norderstedt Germany
ISBN: 978-3-640-84387-9

Dieses Buch bei GRIN:

http://www.grin.com/de/e-book/167827/darstellung-und-analyse-der-elemente-
und-strukturen-von-dienstleistungsprozessen

GRIN - Your knowledge has value

Der GRIN Verlag publiziert seit 1998 wissenschaftliche Arbeiten von Studenten, Hochschullehrern und anderen Akademikern als eBook und gedrucktes Buch. Die Verlagswebsite www.grin.com ist die ideale Plattform zur Veröffentlichung von Hausarbeiten, Abschlussarbeiten, wissenschaftlichen Aufsätzen, Dissertationen und Fachbüchern.

Besuchen Sie uns im Internet:

http://www.grin.com/

http://www.facebook.com/grincom

http://www.twitter.com/grin_com

FernUniversität
in Hagen
Fachbereich Wirtschaftswissenschaft

Seminar:
Innovationen des Dienstleistungsprozesses durch Informations- und
Kommunikationstechnologien

Darstellung und Analyse der Elemente und Strukturen von Dienstleistungsprozessen

Bearbeiter: Alexander Brož

Abgabedatum: 14.04.2009

Inhaltsverzeichnis

Abbildungsverzeichnis

Glossar

Business Process Reengineering

Die Business Process Reengineering Methode (BPR) wird als die grundlegende nochmalige Betrachtung und radikale Umgestaltung der organisatorischen Prozesse beschrieben. Ziel ist die drastische Verbesserung der gegenwärtigen Leistung in Kosten, Dienstleistungen und Geschwindigkeit.

Outsourcing

Outsourcing ist die Übernahme von Dienstleistung durch externe Partner in vormals selbstverantwortlichen Bereichen um eine Fokussierung auf das eigene Kerngeschäft zu ermöglichen.

Semantik

Die Semantik befaßt sich mit dem Inhalt von Zeichen; genauer: mit dem Sinn und der Bedeutung.

Swimlane

(dt. *Verantwortlichkeitsbereich*) Anordnung und Gruppierung von Elementen in Spalten um organisatorische Zuständigkeiten im erzeugten Modell deutlicher darstellen zu können.

Syntax

Die Syntax gibt die Muster vor, nach denen man einzelne Elemente (z.B. Aktivitäten) kombiniert.

Wertnetzwerk

Darstellungsform der Wertschöpfung bei Dienstleistungsprozessen in denen der Anbieter als Intermediär für die Kunden auftritt.

Wertshop

Der Wertshop basiert im Gegensatz zur Wertkette nicht auf dem Grundgedanken der Produktion sondern auf einer iterativen, zyklischen Aktivitätenfolge, die sich speziell zur Abbildung individueller Problemlösungen beziehungsweise Dienstleistungen eignet.

Kapitel 1

Einleitung

1.1 Problemstellung

Die immer stärkere Ausweitung der Teilmärkte für Dienstleistungen in Deutschland nimmt auch im neuen Jahrtausend rapide zu. Einem Anteil von ehemals 38,3 Prozent in den Sechzigerjahren und 63,8 Prozent im Jahr 1999 steht heute ein Anteil von 72,4 Prozent aller Erwerbstätigen in Deutschland im Dienstleistungsbereich gegenüber (vgl. Bundesamt (2008)). Zunehmende Globalisierung, liberalisierte und polarisierte Märkte sowie die zunehmende Technologisierung bieten vielfältige Gründe warum ehemalige, rein selbstversorgende Unternehmen Dienstleistungen in Anspruch nehmen und selber ausbauen. Hierbei handelt es sich nicht nur um die klassische Business-to-Customer-Beziehung sondern oftmals auch um Business-to-Business-Transaktionen (vgl. Bruhn und Stauss (2001)). Die immer stärkere Integration des Endkunden oder anderer Transaktionspartner durch immer individuellere Leistungen ebnet dabei Weg in die Dienstleistungsgesellschaft und wird teilweise drastisch als der schleichende Tod für den Industrialismus im 21. Jahrhundert bezeichnet.[1] Die zunehmenden Erträge im Dienstleistungsbereich in Verbindung mit den immer höheren Kundenanforderungen zwingen Unternehmen sich noch intensiver mit ihren Produkten und Dienstleistungen auseinanderzusetzen. Zusätzliche Herausforderungen durch immer kürzere Produktlebenszyklen und steigende Ansprüche an Qualität bei gleichzeitig kostenoptimaler Produktion können nur noch durch stärkeres Einbeziehen des Kunden bewältigt werden. Insbesondere die Dienstleistung am und mit dem Kunden

---

[1] Weiterführende Beiträge in Baethge und Wilkens (2001).

wird immer individueller. Weiterhin fallende Marktbarrieren erfordern in Zukunft eine noch stärkere Einbeziehung des Kunden für eine langfristige erfolgreiche Kundenbindung.

1.2 Zieldefinition und Abgrenzung

Diese Seminararbeit betrachtet den Komplex der Dienstleistungsproduktion, ihrer Elemente und Strukturen sowie der übergreifenden Darstellung der Dienstleistung als Prozess. Ziel ist die Herausarbeitung der wesentlichen Merkmale von Dienstleistungen im Vergleich zur klassischen Sachgüterproduktion im Rahmen einzelner Begrifflichkeiten, bekannter Modelle und in der Prozessdarstellung. Auf Basis einer, auf das nötigste beschränkten, Einführung in die Prozess- und Produktionstheorie sollen dem Leser am Ende der Arbeit nicht nur die wesentlichen Merkmale von Dienstleistungsprozessen sondern auch einige Werkzeuge zur Prozessanalyse und -bewertung bekannt sein. Des Weiteren soll der Leser durch gezielt ausgewählte Kritikpunkte in der Lage sein weiterführende Informationen selbstständig bewerten zu können.

1.3 Vorgehensweise

Die Grundlagen in Kapitel 2 geben einen Überblick über aktuelle wissenschaftliche Erkenntnisse und praktische Anwendungen der Prozessanalyse, der Abgrenzung des Dienstleistungsbegriffs und seiner Besonderheiten im Rahmen der Dienstleistungsproduktion sowie der Darstellung wesentlicher Merkmale von Dienstleistungsprozessen. Kapitel 3 weist in die Besonderheiten der Analyse von Dienstleistungsprozessen ein. Des Weiteren werden einige grafische Modelle zur Prozessmodellierung und Instrumente zur Prozessbewertung im Hinblick auf ihre Anwendbarkeit auf Dienstleistungsprozesse vorgestellt.

Kapitel 2

Grundlagen zur Darstellung und Analyse betriebswirtschaftlicher Prozesse und insbesondere Dienstleistungsprozesse

2.1 Einleitung

Die Analyse und Gestaltung betriebswirtschaftlicher Prozesse ist in ihrer Gänze umfangreicher, als es eine einzelne Studienarbeit sein könnte. Ziel dieses Kapitels ist es somit nicht einen umfassenden Blick auf den aktuellen Stand der Prozessbehandlung zu geben. Vielmehr werden in diesem Kapitel die notwendigen Grundlagen und Elemente vorgestellt, die notwendig sind um das Themenumfeld der Dienstleistungsprozesse erschließen und selber bewerten zu können. Dieses Kapitel orientiert sich vornehmlich an Becker u. a. (2002) und Fischermanns (2006).

2.2 Prozessorientierung

„Drei Kräfte, die jeweils einzeln und auch zusammen wirken, treiben heute die Unternehmen weiter und weiter in ein Terrain, das den meisten in der Führungsspitze und im Management Furcht einflößt, weil sie es nicht kennen. Diese drei Kräfte sind Kunden, Wettbewerb und Wandel." (Aus Hammer und Champy (1995))

Die von Hammer und Champy Anfang der neunziger Jahren losgetretene Welle des Business Process Reengineering stellte vorerst den Höhepunkt des Wandels vom funktionalen zum prozessorientierten Unternehmen dar. Die Radikalkur (vgl. Hammer und Champy

(1995)) stellte sich zwar nicht als Allheilmittel heraus aber sorgt bis heute für ein anhaltendes prozessorientiertes Umdenken in der modernen Betriebsführung (vgl. IDS Scheer (2007)). Die Notwendigkeit des Umdenkens und damit auch Umstrukturierens ergab sich zwingend aus den Veränderungen der unternehmerischen Aufgabenumwelt, also der direkten Beziehungen der Unternehmung mit den Geschäftspartnern. Hierunter zählen im Wesentlichen die Veränderungen des Käuferverhaltens, der Marktstrukturen sowie die zunehmende Wettbewerbsdynamik (vgl. auch Becker u. a. (2002)). Im Detail führten diese neuen Anforderungen zu einer größeren Komplexität von Produktions- und Innovationsmechanismen und erhöhen auf lange Frist die Gemeinkosten für zusätzlich notwendige Steuerungs- und Koordinationssysteme. Die steigenden Gemeinkosten stehen hierbei im starken Kontrast zu der, durch die immer stärkere Spezialisierung der einzelnen Funktionsbereiche getriebenen, abgegrenzten Sicht auf einzelne Funktionsbereiche. Der Blick auf das Gesamtunternehmen trat trotz steigender Gemeinkosten also immer mehr in den Hintergrund. Aus der ehemaligen statischen Welt dauerhafter Produkte und stabiler Kundenbedürfnisse ist eine Welt der Dynamik, also ein dynamischer und sich dauerhaft bewegender Wettbewerb geworden. Stalk u. a. (2001) sprechen hierbei von einer Veränderung in einen Wettbewerb der Kernkompetenzen, der wiederum die Unternehmen in die beschriebene Situation hineingezogen hat.

Aufgrund dieser Situation wurden schon früh Ansätze und Forderungen nach einer prozessorientierten Unternehmensführung gefordert. Erst in den achtziger Jahren fanden diese dann durch die Arbeiten von Gaitanides (1983), Scheer (1990), Porter und Jaeger (1992), Davenport (1993) sowie Hammer und Champy (1995)) ihren Einzug in die Unternehmenspraxis.

2.3 Allgemeine Definition von Prozessen

„Ein Prozess ist eine Struktur, deren Elemente Aufgaben, Aufgabenträger, Sachmittel und Informationen sind, die durch logische Folgebeziehungen verknüpft sind. Darüber hinaus werden deren zeitliche, räumliche und mengenmäßige Dimensionen konkretisiert. Ein Prozess hat ein definiertes Startereignis

(Input) und Ergebnis (Output) und dient dazu, einen Wert für Kunden zu schaffen." (Aus (Fischermanns, 2006, S. 12))

Diese allgemeingültige Definition kann auf Prozesse im täglichen Leben wie auch Prozesse im Betriebsablauf angewendet werden. Die Begriffsdefinition ist hierbei von Autor zu Autor unterschiedlich. Im Kontext dieser Arbeit wird in Anlehnung an Nordsieck (1972) vom Geschäftsprozess als Prozess, der durch die obersten Ziele der Unternehmung und das zentrale Geschäftsfeld geprägt ist, gesprochen. Elementare Bestandteile eines solchen Geschäftsprozesses sind die sogenannten Aktivitäten. Ein oder mehrere Aktivitäten sind zur Erfüllung einer Aufgabe des Geschäftsprozesses notwendig und bilden somit einen Arbeitsschritt ab. Die Summe aller Prozesse bildet dann die Prozessorganisation.

Eine weitere Spezifizierung von Geschäftsprozessen nimmt Porter mit seinem Wertkettenmodell vor (vgl. (Porter und Jaeger, 1992, S. 63ff)). Die Wertkette entspricht hierbei dem physischen Warendurchlauf im Unternehmen. Weiterhin unterteilt er Aktivitäten in primäre und unterstützende Aktivitäten (siehe Abbildung 2.1). Primäre Aktivitäten sind wertschöpfende Tätigkeiten und weisen einen direkten Bezug zum Produkt auf. Beispiele hierfür sind Tätigkeiten der Logistik und Produktion. Unterstützende Aktivitäten haben zwar keinen direkten Bezug zum Produkt aber ohne sie ließen sich die wertschöpfenden Tätigkeiten nicht durchführen. Beispiele hierfür sind die Personalwirtschaft oder das Rechnungswesen. Darauf aufbauend definiert Porter sogenannte Kernprozesse, also Prozesse deren Aktivitäten einen direkten Bezug zum Produkt haben und Supportprozesse, deren Aktivitäten zwar aus der Außenansicht nicht wertschöpfend sind, aber ohne die die Kernprozesse nicht ausgeführt werden könnten. Kern- und Supportprozesse sind also beide essentiell wichtig für die Wertschöpfung eines Unternehmens. Weiterhin sind sie auch nicht starr definiert sondern können für jedes Unternehmen unterschiedlich ausfallen. Auch ist es möglich, dass Supportprozesse in Kernprozesse aufgrund von Outsourcing oder anderen Veränderungen aufgehen können.

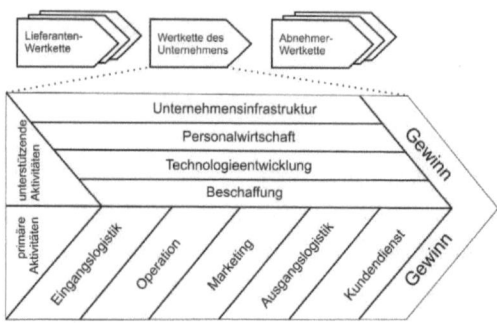

Abbildung 2.1: Wertkettenmodell nach Porter (Quelle: Anlehnend an Porter und Jaeger (1992))

2.4 Begriff und Abgrenzung von Dienstleistung

Trotz des hohen Analysegrads im Themenbereich der Geschäftsprozesse existiert noch heute ein Forschungsungleichgewicht zwischen Produktions- und unternehmensübergreifenden Supply Chain - Prozessen gegenüber den Dienstleistungsprozessen. Wohingegen für erstere schon umfassende Analyseergebnisse und daraus entwickelte Methoden und Instrumente in der unternehmerischen Praxis etabliert sind, ist das Feld der Dienstleistungsprozesse im Vergleich dazu schwach analysiert (vgl. Burlefinger u. a. (2006)). Als Gründe werden die Mannigfaltigkeit bei der Ausgestaltung von Dienstleistungsprozessen wie auch die uneinheitliche Abgrenzung der Dienstleistung als solche gesehen, so dass es schwer fällt allgemeingültige Aussagen über Dienstleistungsprozesse zu treffen. Innerhalb des Forschungsbereiches sind verschiedene Strömungen zu beobachten, deren Gegensätzlichkeit wesentlich auf der Uneinigkeit zur Anwendbarkeit der klassischen Produktionstheorie auf Dienstleistungen basiert (vgl. Fandel und Blaga (2004)).

2.4.1 Einordnung in die klassische Produktionstheorie

Die Anwendbarkeit klassischer produktionstheoretischer Begriffe auf das Dienstleistungsumfeld sorgte schon früh für Probleme. Es besteht zwar Einigkeit in der Anerkennung der

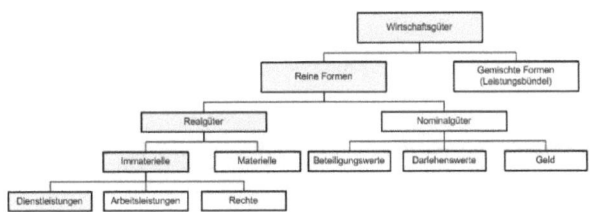

Abbildung 2.2: Gütersystematik nach Corsten (Quelle: (Corsten, 2001, S. 20))

Dienstleistung als Gut aber nicht in ihrer Abgrenzung zu anderen Objekten (vgl. Corsten (2001)). Corsten sieht die Ursache in der zu engen Auslegung des Gutsbegriffes durch klassische Definitionen von zum Beispiel Adam Smith und verweist auf die Entmaterialisierung des Produktivitätsbegriffes durch Baptieste Say, der erstmals Dienstleistungen als produktive Leistungen definierte und sie den immateriellen Gütern zuordnete. Mit dem Ziel einer einheitlichen Systematik, kombinierte Corsten schließlich mehrere Ansätze (vgl. (Corsten, 2001, S. 20)) in eine eigene Systematik, die in Abbildung 2.2 zu sehen ist.[1]

2.4.2 Abgrenzung zwischen Sach- und Dienstleistungsgütern

Die Abgrenzung der Dienstleistung von anderen Gütern kann auf mehrere Arten erfolgen. Abseits von Ausschlußkriterien kann der Dienstleistungsbegriff auf Basis konstitutiver Merkmale explizit definiert werden (vgl. (Corsten, 2001, S. 21ff)):

1. Eine potentialorientierte Definition setzt die Leistungsfähigkeit einen Zielzustand zu erreichen als Absatzobjekt in den Mittelpunkt.

2. Die prozeßorientierte Definition geht davon aus, dass ein zeiträumlich synchroner Kontakt zwischen Kunde und Anbieter besteht.

3. In der ergebnisorientierten Definition ist die Dienstleistung ein immaterielles Ergebnis der dienstleistenden Tätigkeit.

Gemeinsam ist allen drei Ansätzen hierbei das Merkmal der Immaterialität, also der Nichtverwendung des Produktionsfaktors *Rohstoff*, und der Simultanität von Produktion

---

[1]Weitere Ausführungen zum Güterbegriff im Wandel der Zeit findet man zum Beispiel bei Demmler (2000) und Stavenhagen (1969).

und Absatz (auch bekannt als *uno-actu Prinzip*). Maleri definiert ähnlich Dienstleistungen als „[...] unter Einsatz externer Produktionsfaktoren für den fremden Bedarf produzierte immaterielle Wirtschaftsgüter" (vgl. (Maleri und Frietzsche, 2008, S. 5)). Hieraus ergibt sich weiterhin, dass Dienstleistungen standortgebunden und nicht auf Vorrat lagerbar sind.

2.4.3 Klassifizierung von Dienstleistung

Neben der Eingliederung der Dienstleistung in den produktionstheoretischen Begriff des Gutes bestehen auch zur Klassifizierung von Dienstleistungen eine Vielzahl von Ansätzen. Eine frühe Klassfizierung von Dienstleistungen, die sich nicht nur auf bestimmte Segmente bezieht und somit einen allgemeingültigen Anspruch erhebt, findet man bei (Littek u. a., 1991, S. 270ff). Littek hebt den Unterschied zwischen Dienstleistungen für den Endverbraucher und denen die als intermediärer Input für weitere Produktionsprozesse dienen heraus. Um das gesamte Spektrum von Dienstleistungen zu erfassen ist seiner Ansicht nach eine mehrdimensionale Klassifizierung nötig. Daneben existieren auch eine Vielzahl eindimensionaler Systematiken, wie zum Beispiel auf Basis des Integrativitätsgrads des Kunden im Produktionsprozess (vgl. (Fließ, 2006, S. 37ff)). Eine Übersicht über ein- wie auch mehrdimensionale Ansätze inklusive kritischer Auseinandersetzungen findet man bei (Corsten, 2001, S. 31ff).

2.4.4 Dienstleistungsproduktion

Die Systematisierung von Dienstleistung als besonderes Gut wie auch die Betrachtung der Dienstleistung im Rahmen des klassischen Produktionsprozesses führt zu der Notwendigkeit die Dienstleistung und ihre Elemente noch weiter in den bekannten betriebswirtschaftlichen Kontext einzuordnen. Hierbei hat sich der Begriff der *Dienstleistungsproduktion* herausgebildet, der auf Grund der Vorstellung des klassischen betriebswirtschaftlichen Grundmodells eines Industrieunternehmens nur schwerlich seinen Einzug fand. Grundlegend ist hier die Interpretation des Begriffs *Leistung* als Faktorkombination, die als solche genauso wie die bekannten substantiellen Produktionsfaktoren eingesetzt werden kann.

2.5. Dienstleistung als Prozess

Der wesentliche Unterschied bei Dienstleistungs- zu Sachgüterproduktionsprozessen besteht darin, dass der Einsatz von Rohstoffen als interne Produktionsfaktoren entfällt und stattdessen die Integration externer Produktionsfaktoren, welche erst nach erfolgtem Einsatz verfügbar sind, erforderlich ist (vgl. (Maleri und Frietzsche, 2008, S. 19). Folgende Modifikationen sind zur Einordnung und Anwendung von klassischen produktionstheoretischen Ansätzen für Dienstleistungen notwendig (vgl. (Maleri und Frietzsche, 2008, S. 19f), (Corsten, 2001, S. 120ff) und zusammenfassend (Fandel und Blaga, 2004, S. 5ff)):

Input Dienstleistungen kennen interne und externe Produktionsfaktoren. Externe Produktionsfaktoren stehen nicht unter der Disponiergewalt des Dienstleistungsproduzenten und werden vom Kunden in den Prozess eingebracht (zum Beispiel der Kunde selber oder Werkstücke des Kunden).

Throughput Dienstleistungen erfordern zwingend die Einbeziehung externer Produktionsfaktoren, so dass mindestens ein zweistufiger Produktionsprozess notwendig ist.

Output Dienstleistungen sind aufgrund des mangelnden Rohstoffeinsatzes immateriell und können weder vorgearbeitet noch gelagert werden.

Die im Rahmen des Throughput notwendige Mitwirkung des Kunden als externer Produktionsfaktor wird als das konstitutives Merkmal von Dienstleistungsprozessen herausgestellt und kann verschiedene Ausprägungen haben (vgl (Fließ, 2006, S. 31ff)). Die Art und der Umfang der Kundenintegration dient oftmals als entscheidendes Kriterium zur Bewertung ob es sich um ein immaterielles Sachgut oder eine Dienstleistung handelt. Hierzu sei insbesondere auf die in Abbildung 2.3 dargestellte Leistungstypologie von Engelhardt u. a. (1993) verwiesen. Sie stellt die beiden Dimensionen *Immaterialitätsgrad* und *Integrativitätsgrad* zur Einordnung des Leistungsergebnisses und des Leistungserstellungsprozesses in den Mittelpunkt. So ermöglicht sie eine Identifikation der Leistung als Dienstleistung, (im-)materielles Produkt oder materielle Auftragsleistung.

2.5 Dienstleistung als Prozess

Die Definition der Dienstleistung als Produkt beziehungsweise Ergebnis einer Dienstleistungsproduktion erfordert in weiteren Schritten die Betrachtung des gesamten Dienstleis-

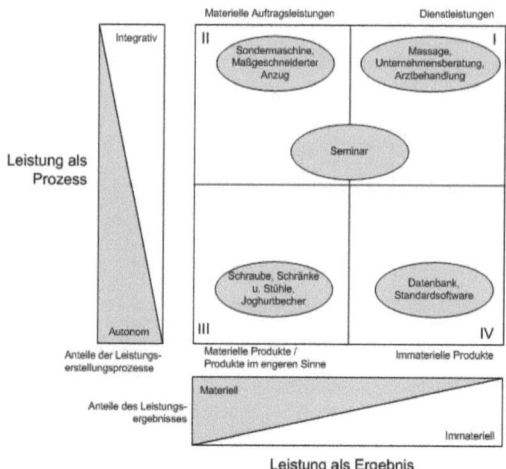

Abbildung 2.3: Dienstleistungen als Bestandteil einer einheitlichen Leistungstypologie (Quelle: (Fließ, 2002, S. 21))

tungsproduktionsprozesses. Ein wesentlicher Unterschied ist, dass sich der Produktionsprozess von Dienstleistungen nicht auf einen Zeitpunkt, wie bei der Sachgüterproduktion, sondern auf einen Zeitraum bezieht. Maleri spricht hierbei von „[...] einer permanenten Produktion innerhalb eines bestimmten, meist vertraglich vereinbarten, Zeitraumes" (vgl. (Maleri und Frietzsche, 2008, S. 22)). Dies bedeutet weiterhin, dass die Ergebnisse der Dienstleistungsproduktion permanent während dieses Zeitraumes hervorgebracht werden, also nicht nur einmalig ein Output erzeugt wird. Altenburger hat hierzu ein allgemeingültiges siebenstufiges Modell der Dienstleistungsproduktion aufgestellt (vgl. Altenburger (1980) und (Corsten, 2001, S138ff)). Während der Stufen 1 bis 3 kommt es zur grundsätzlichen Schaffung der Leistungsbereitschaft und in den Stufen 4 bis 6 zu Varianten der Leistungsbereitschaft. Auch Malerie vergleicht die Phasen des Produktionsprozesses zwischen Sachgüter- und Dienstleistungsproduktion wie in Abbildung 2.4 dargestellt. Die Phasen bis zur Erstellung der internen Leistungsbereitschaft sind nicht nur innerhalb von Dienstleistungsproduktionen grundsätzlich gleich, sondern bis zum Zeitpunkt des Ein-

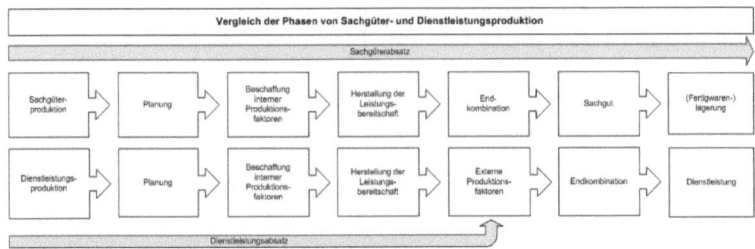

Abbildung 2.4: Vergleich der Phasen von Sachgüter- und Dienstleistungsproduktion (Quelle: (Maleri und Frietzsche, 2008, S. 198))

satzes der externen Produktionsfaktoren auch für die Produktion von Sachgütern und Dienstleistungen identisch. Einzig der fließende Übergang der Leistungsbereitschaftsherstellung in die Endkombination ist so bei der Dienstleistung nicht möglich. Der Prozess wartet an dieser Stelle auf den Einsatz der externen Produktionsfaktoren um in die eigentliche Produktionsphase hineinzukommen. Anzumerken sei, dass in der Praxis bei Sachgütern und Dienstleistungen der Absatz auch vor der Produktion stattfinden kann. Beispiele sind hier extrem lange Lieferfristen für Maschinen, Autos oder die Auftragsfertigung. Bei der Dienstleistung erfolgt der Absatz sogar sehr oft noch vor der Beschaffung der erforderlichen Produktionsfaktoren. Der umgekehrte Fall, also der Absatz nach der Endkombination, ist nur bei Sachgütern möglich.

Ausgehend von den drei Dimensionen einer jeden Leistung: dem *Leistungspotenzial*, dem *Leistungserstellungsprozess* und dem *Leistungsergebnis* ergibt sich ein produktionstheoretisches Grundmodell zur Anwendung auf Dienstleistungen (vgl. Abbildung 2.5), das die Beteiligung des Kunden an der Leistungserstellung mit einbezieht. Das Leistungspotenzial ist die Fähigkeit und Bereitschaft zu verstehen eine Leistung zu erbringen. Im Leistungsprozess wird das Leistungspotenzial durch den Kunden aktiviert um die Leistung zu produzieren. Der Leistungserstellungsprozess liefert schließlich dem Kunden den Nutzen. Hierbei handelt es sich zumeist um ein Leistungsbündel mit Bestandteilen unterschiedlicher (Im-)Materialitätsgrade (vgl. (Corsten, 2001, S. 29f)). Aufgrund der Gleichartigkeit der Produktionsphasen bis zur Herstellung der Leistungsbereitschaft wird im folgenden

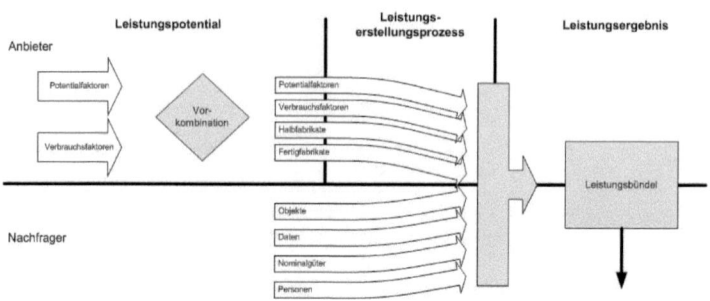

Abbildung 2.5: Integrative Leistungserstellung (Quelle: In Anlehnung an (Fließ, 2006, S. 33)

nur noch auf die Prozessmerkmale von Dienstleistungsprozessen im eigentlichen Leistungserstellungsprozess eingegangen. Zum Zeitpunkt des Leistungserstellungprozesses sind alle vom Kunden angestoßenen Aktivitäten und prozessbezogenen Vorarbeiten abgeschlossen. Das Ergebnis des Leistungserstellungsprozesses bewertet der Kunde mit dem Wert des *Service Value*, also der Differenz von Kosten und Nutzen im Vergleich zu anderen Angeboten (vgl. (Zeithaml, 1988, S. 14), (Oliver, 1999, S. 44) und Doyle (2000)). Das eigentliche Leistungsergebnis ist ein im Leistungsprozess zu konkretisierendes Leistungsversprechen. Um das Leistungsversprechen im Rahmen des Leistungserstellungsprozesses zu erbringen, bedarf es wiederum der erfolgreichen Durchführung von Aktivitäten. Diese zeichnen sich im Dienstleistungsprozess zusätzlich dadurch aus, dass ihnen jeweils ein unterschiedlicher Grad des integrativen Kundenanteils innewohnt. Die sich daraus ergebenden unterschiedlichen Sichtweisen auf die durchzuführenden Aktivitäten löst man, in dem der Leistungserstellungsprozess mitsamt seinen Aktivitäten und beteiligten Akteuren in drei Perspektiven unterteilt wird (vgl. (Fließ, 2002, S.)):

1. Austauschbezogene Perspektive mit Dominanz der Kundensichtweise.

2. Produktionstheoretische Perspektive mit Dominanz der Anbieterperspektive im Rahmen des Produktionsfaktoreinsatzes.

3. Organisatorische Perspektive mit Schnittstellen zwischen Kunden- und Anbietersichtweise für Entscheidungen zur Arbeitsteilung und Organisation.

Kapitel 3

Analyse und Darstellung von Prozessen mit dem Schwerpunkt auf Dienstleistungsprozesse

3.1 Analyse eines Dienstleistungsprozesses

3.1.1 Prozessidentifikation und -abgrenzung

Ein allgemeingültiges Verfahren, das Aufschluss über den Umfang und den Detaillierungs-grad einer Prozessanalyse, wie auch der anzuwendenden Instrumente zur Prozessmodel-lierung gibt, existiert nicht. So dient die Analyse und Darstellung von Ist-Prozessen der Abbildung des gegenwärtigen Standes um zum Beispiel auf Basis der höheren Transparenz eine Prozesskostenrechnung aufzustellen oder neue Mitarbeiter einzuweisen. Die Model-lierung von Sollprozessen dient einem anzustrebenden Idealzustand, der oftmals durch Veränderung der Ist-Prozesse erreicht werden soll (vgl. Burlefinger u. a. (2006)). Die Mo-tivation zur Prozessanalyse und dem Aufbau eines betriebswirtschaftlichen Prozessmo-dells entsteht oftmals aus den angestrebten Zielen des Unternehmens heraus. Geht man vom klassischen Ziel der Gewinnmaximierung aus, so steht die Erfassung der Ist-Prozesse und gegebenenfalls die Gestaltung von zu erreichenden, auf das Ziel hin optimierter, Soll-Prozesse im Vordergrund. Da die Möglichkeit alle im Unternehmen vorhandenen Prozesse gleichberechtigt zu analysieren wirtschaftlich wie auch aus zeitkritischen Gründen nicht verhältnismäßig wäre, sollte man sich hierbei auf die Prozesse mit dem höchsten Po-tential zur Zielerreichung konzentrieren. Einen Ausgangspunkt zur Identifikation solcher Prozesse bietet das in Kapitel 2.3 vorgestellte Wertkettenmodell von Porter (vgl. Porter und Jaeger (1992)). Im Hinblick auf das angestrebte Ziel können gezielt Wertketten und

darin enthaltene Prozesse näher analysiert werden. Damit am Ende jedoch nicht eine Vielzahl von Einzelanalysen ohne Zusammenhang vorliegt, muss man sich an die Einhaltung
und Definition eines übergeordneten Ordnungsrahmens halten (vgl. (Becker u. a., 2002,
S. 95ff)). Davenport und später auch Gaitanides schlagen die folgenden fünf Phasen für
eine Prozessidentifikation vor (vgl. Davenport (1993) und Gaitanides (1998)):

1. Enumeration der Hauptprozesse

2. Festlegung der Prozessgrenzen

3. Bestimmung der strategischen Relevanz eines jeden Prozesses

4. Analyse des Verbesserungsbedarfes eines Prozesse

5. Bestimmung der politischen und kulturellen Bedeutung des Prozesses

Insbesondere die Enumeration der Hauptprozesse weist bei branchengleichen Dienstleistungsunternehmen Unterschiede auf. Ist das Ziel stark auf ein reines Neukundengeschäft
abgestimmt, so findet sich die nachträgliche Kundenbetreuung nur als Supportprozess
wieder. Liegt das Ziel im Geschäft mit Bestandskunden, so liegt die Wertschöpfung auch
in der zusätzlichen Nachbetreuung und wird zum Kernprozess.

   Schwierigkeiten kann es bei der Festlegung der Prozessgrenzen geben. Die Besonderheiten der Dienstleistung als immaterielles Gut (vgl. Kapitel 2.4.2) und oftmals gemisch-
ten Leistungsbündel erschweren die Abgrenzung mit steigendem Individualisierungsgrad.
So sind die Leistungen bei einem Friseurbesuch oder einer durch Externe ausgeführten
Beschaffung aufgrund ihres starken Standardisierungscharakters eindeutig definiert. Man
spricht hier von sogenannten Kernleistungen, die den Grundnutzen des Kunden repräsen-
tiert und gegebenenfalls durch Zusatzleistungen erweitert werden können (vgl. Lovelock
und Wirtz (2001)). Daneben können mehrere Kern- und Zusatzleistungen als Leistungsbündel im Dienstleistungsprozess enthalten sein. Beispiele hierfür sind der Friseurbesuch
mit Haarwäsche und Kopfmassage. Problematisch wird es bei Dienstleistungen mit stark
innovativen Charakter wie der Einzelauftragsfertigung im Spezialmaschinenbereich oder
der Einführung einer betrieblichen Standardsoftware. Hier bildet sich ein Leistungsbündel
aus verschiedenen Einzelleistungen, die ineinander übergehen und sich gegenseitig beein-
flußen (vgl. (Maleri und Frietzsche, 2008, S. 203)).

Fließ weist noch auf bestehende Kritiken bei der Nutzung des klassischen Wertkettenmodells für Dienstleistungsunternehmen hin (vgl. (Fließ, 2006, S. 52ff)). Die Fokussierung
auf primäre Aktivitäten ist problematisch, da der Dienstleistung als Leistungsversprechen
vor der eigentlichen Produktion noch umfangreiche Marketing- und Vertriebsaktivitäten
(beides sind eigentlich Supportprozesse) vorgelagert sind. Zum Einsatz des Wertkettenmodells sei insbesondere auch auf Stabell und Fjeldstad (1998) sowie Michalski u. a. (2007)
verwiesen. Sie empfehlen den Einsatz des Wertkettenmodells nur für Dienstleistungen mit
geringem bis mittlerem Integrativitätsgrad. Bei hohem Integrativitätsgrad sollte hingegen
das Modell des Wertshops oder Wertnetzwerks eingesetzt werden.

3.1.2 Strukturierung

Nach der Identifizierung zu betrachtender Prozesse im Hinblick auf die Zielerreichung
erfolgt die Prozessstrukturierung. Auch diese ist abhängig von der zugrunde liegenden
Leistungsanforderung, denn viele Prozessaktivitäten haben je nach betrachteter Anforde-
rung keinen Anteil an deren Wertschöpfung. Insbesondere koordinierende (zum Beispiel
Arbeitsplanung) und steuernde Funktionen (zum Beispiel Freigaben) haben keinen direkt
wertschöpfenden Charakter, sind aber im Sinne des effizienten Ressourceneinsatzes wichtig
für das Unternehmensziel (vgl. (Becker u. a., 2002, S. 120f)). Die Untersuchung der Prozessaktivitäten ist besonders bei Dienstleistungsprozessen durch weitere Besonderheiten
bestimmt. So sorgt der zusätzliche Einsatz externer Produktionsfaktoren, als wesentlicher
Baustein von Dienstleistungen, dafür, dass neben den innerbetrieblichen auch externe
Organisationseinheiten in die Prozessanalyse mit einbezogen werden müssen. Maleri definiert hierfür drei Typen der Beteiligung: Die aktive / passive Beteiligung des Abnehmers,
der Einsatz realer und nominaler immaterieller Güter von außen und der Einsatz realer
materieller Güter / Tiere von außen (vgl. (Maleri und Frietzsche, 2008, S. 105)).

Neben der integrativen Betrachtung erfolgt zusätzlich eine funktionale Betrachtung der
einzelnen Prozessaktivitäten. Typische Fragestellungen für die Analyse sind zum Beispiel
(vgl. (Becker u. a., 2002, S. 121):

• Trägt die Funktion zur Leistungserstellung bei?

- Dient die Funktion einem der Leistungsziele?
- In welcher zeitlichen Beziehung steht die Funktion zur davor analysierten Funktion?
- Welche von der Funktion benötigten Objekte sind relevant?

3.1.3 Gestaltung und Dokumentation

Für die Prozessdarstellung existieren eine Vielzahl von Modellierungssprachen und -techniken, die jeweils eine spezifische Syntax und Semantik aufweisen. Die Mehrzahl bedient sich hierbei grafischer Darstellungsformen und ist als semiformal einzustufen (vgl. Scheer und Thomas (2005)). Die Auswahl der zu verwendenden Modellierungssprachen orientiert sich an den mit der Prozessanalyse verfolgten Zielen. Neben der rein ablauforientierten Modellierung, wie man sie bei Fertigungsprozessen vorfindet, kann bei Dienstleistungsprozessen, aufgrund ihrer Einbeziehung des externen Faktors, die Einteilung der verschiedenen Aktivitäten nach Ihren Anteilen der Anbieter- und Kundeninteraktion sinnvoll sein. Auch ist die Einbindung des Faktors Zeit bei Dienstleistungen notwendig (vgl. Fließ u. a. (2004)).

Neben den Vorgaben für die zu verwendenden Modellierungssprachen sowie weiterer Dokumentationen kann im Vorfeld auch schon die Einbeziehung später durchzuführender Auswertungen beachtet werden. So bieten funktionsorientierte Sichten Werte über Kapazitäten, Zeiten und Kosteninformationen, wohingegen (aufbau-)organisatorische Sichten Aussagen über Beteiligte und Personalkapazitäten liefern (vgl. (Becker u. a., 2002, S. 186)). Die bereits als notwendig eingestuften Werte können im Vorfeld definiert werden, so dass sie bei der Aktivitätenanalyse gleich mit erfasst werden können. Zu den Problemen der Erfassung und Bewertung von externen Produktionsfaktoren bei Dienstleistungsprozessen sei auf (Maleri und Frietzsche, 2008, S. 124ff) und (Corsten, 2001, S. 292ff) verwiesen.

3.2 Modelle zur Prozessdarstellung

3.2.1 Prozessflussdiagramme

Flussdiagramme sind allgemein gehalten eine Anordnung, durch Pfeile miteinander verbundener, graphischer Symbole. Ihre Anwendung finden Sie überall dort, wo Abläufe, Pro-

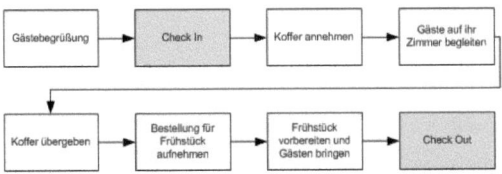

Abbildung 3.1: Beispiel eines einfachen Flussdiagramms (Quelle: In Anlehnung an Büttgen (2001))

zesse oder ganz allgemein gesagt Flüsse von Material, Daten, Personen oder Anweisungen in einer zeitlich-sachlogischen Abfolge graphisch dargestellt werden müssen. Die Symbole entsprechen hierbei durchzuführenden Aktivitäten oder zu durchlaufender Stationen. Die Pfeile geben die jeweilige Reihenfolge wieder. Zusätzliche farbliche oder strukturelle Markierungen der Symbole können zur weiteren Einteilung der hinter den Symbolen liegenden Abläufe dienen (vgl. (Burlefinger u. a., 2006, S. 11)). Durch den Einsatz logischer Operatoren können außerdem komplexe und nicht-lineare Vorgänge abgebildet werden. Ein einfaches Beispiel für einen Dienstleistungsprozess „Hotelübernachtung" mit zwei hervorgehobenen Aktivitäten (enthalten jeweils einen Unterprozess) ist in Abbildung 3.1 dargestellt. Allerdings reichen einfache Flussdiagramme oftmals für spezielle Anforderungen nicht aus. Es fehlen Informationen über Aktivitätsbeteiligte und die Berücksichtigung mehrerer Sichten sowie erweiterte Darstellungen von möglichen Zusammenhängen und Schnittstellen. Auf Basis dieser Kritiken haben sich für verschiedene Anforderungsszenarien erweiterte Diagrammdarstellungen herausgebildet und etabliert.

Ein eher technisch getriebenes Modellkonzept ist die Unified Modeling Language (kurz: UML). Ursprünglich zur Abbildung von softwarseitig zu modellierenden Prozessen entwickelt, wird sie mittlerweile auch erfolgreich für die Modellierung betriebswirtschaftlicher Prozesse eingesetzt (vgl. Grässle u. a. (2000)). Die UML bietet ein umfassendes Set verschiedener Diagramme für die Darstellung von Geschäftsvorfällen, zeitlich- und ereignisgesteuerter Graphen sowie Zustands- und Klassendiagramme. Zwei Beispiele für UML Diagramme im Rahmen des Dienstleistungsprozesses „Hotelübernachtung" sind in Abbildung A und Abbildung B im Anhang abgebildet.

Ereignisgesteuerte Prozesskette

Die sogenannte Ereignisgesteuerte Prozesskette (kurz: EPK) ist eine weit verbreitete Darstellung für betriebswirtschaftliche Prozesse, deren Verbreitung insbesondere als Bestandteil der Architektur Integrierter Informationssysteme (ARIS) durch Scheer stattgefunden hat (vgl. Keller u. a. (1992) und Scheer und Thomas (2005)). Es handelt sich hierbei um einen ereignisgesteuerten Graphen, dessen Modellierung im wesentlichen aus drei Basiselementen erfolgt: *Funktionen* repräsentieren ressourcenverbrauchende Aktivitäten und werden grafisch als abgerundete Rechtecke dargestellt. Dahingegen verbrauchen *Ereignisse* keine Ressourcen und stellen eine Statusänderung oder einen eingetretenen Zeitpunkt dar. Nichtlineare Prozessverläufe werden mittels *Konnektoren* als logische Verknüpfungen in Form von Kreisen mit verschiedenen Symbolen dargestellt.

Als wichtigste Vorgaben gelten, dass jede EPK mit einem Ereignis anfängt (Auslöser) und endet (Zustandsänderung). Des Weiteren sollte jeder Funktion ein Ereignis vor- und nachgelagert sein. Die Erweiterung der EPK zur erweiterten Ereignisgesteuerten Prozesskette (kurz: eEPK) basierte auf der Notwendigkeit zusätzlich noch an Funktionen beteiligte und verantwortliche Organisationseinheiten zu erfassen. Diese werden dann grafisch als Ellipsen dargestellt. Der erste Teil einer eEPK für den Dienstleistungsprozess „Hotelübernachtung" ist in Abbildung C im Anhang dargestellt und enthält zusätzlich noch Elemente für eingebundene Datenverarbeitungsobjekte, Leistungsobjekte und die Darstellung von Prozessschnittstellen für Unterprozesse. Diese Weiterentwicklungen mit zusätzlichen Elementen und der Spaltendarstellung wurden zur Verbesserung der Lesbarkeit eingeführt (vgl. (Becker u. a., 2002, S. 67f))

Als Kritik an der (e)EPK sei im wesentlichen deren Unübersichtlichkeit bei großen Prozessen angeführt. Diese erfolgt zumeist aus der zwingenden Darstellung von Eingangs- und Ausgangsereignissen für jede Funktion. In der Praxis wird mittlerweile bei unwichtigen Funktionen auf diesen Detaillierungsgrad zum Vorteil der Lesbarkeit verzichtet. Eine weiterer Kritikpunkt zur Anwendbarkeit auf Dienstleistungsprozesse ist, dass bei der Darstellung als eEPK zwar auch die beteiligten internen und externen Organisationseinheiten berücksichtigt werden, sich jedoch nicht deren tatsächlicher integrativer Anteil

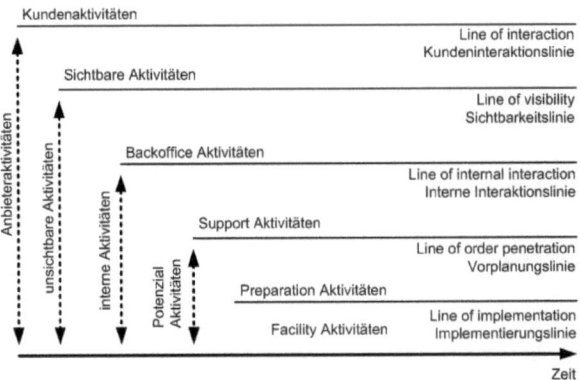

Abbildung 3.2: Struktur des ServiceBlueprints™ (Quelle: In Anlehnung an (Fließ, 2006, S. 65))

an der eigentlichen Durchführung und Entscheidung ablesen läßt (vgl. (Burlefinger u. a., 2006, S. 17)). Als dritter Kritikpunkt wird die durch die Darstellung vermutete, einheitliche Sichtweise des Ablaufs angeführt. Insbesondere im Dienstleistungsprozess sind nicht alle Funktionen für alle Organisationseinheiten sichtbar beziehungsweise ihr integrativer Anteil bezieht sich wiederum nur auf einen Teil der eigentlichen Funktion (vgl. (Becker u. a., 2002, S. 70)).

3.2.2 Blueprinting

Der Einsatz von Blueprints zur Darstellung und Entwicklung von Dienstleistungsprozessen geht zurück auf Lynn, Shostack und Kingmann-Brundage in den achtziger Jahren. Ein Blueprint oder auch ServiceBlueprint™ zeigt folgenden Aufbau: Zunächst werden einzelne Aktivitäten des Dienstleistungsprozesses chronologisch dargestellt. Im zweiten Schritt werden diese dann verschiedenen Ebenen zugeordnet (vgl. Kingman-Brundage (1989)). Ein bekanntes Ebenenmodell ist in Abbildung 3.2 dargestellt und besteht aus fünf Ebenen (vgl. Fließ und Kleinaltenkamp (2004)).[1]

---

[1] Ein erweitertes Modell findet man zum Beispiel bei (Fließ u. a., 2004, S. 17).

Die Unterteilung erfolgt dabei folgendermaßen (vgl. (Fließ, 2006, S. 64ff)):

Line of interaction Die Kundeninteraktionslinie trennt die Kundenaktivitäten von den Anbieteraktivitäten. Dabei definiert sie Kunden-Anbieter-Kontaktpunkte.

Line of visibility Die Sichtbarkeitslinie trennt die sichtbaren von den für den Kunden unsichtbaren Anbieteraktivitäten. In beiden Fällen handelt es sich um für den Kunden wertschöpfende Aktivitäten.

Line of internal interaction Die interne Interaktionslinie trennt primäre kundenbezogene Aktivitäten von unterstützenden Aktivitäten.

Line of order penetration Die Vorplanungslinie trennt die autonom von den integrativ disponierten Prozessen. Alles unterhalb dieser Linie kann also ohne den Kunden vordisponiert werden.

Line of implementation Die Implementierungslinie trennt wiederum Aktivitäten, die direkt dem betrachteten Leitungserstellungsprozess zuzuordnen sind („interne Produktionsfaktoren") von den Aktivitäten, die generell im Vorfeld durchzuführen sind (zum Beispiel die Beschaffung der Potenzialfaktoren).

Die Abgrenzung der einzelnen Aktivitäten durch Trennlinien findet man so auch in einigen Varianten der eEPK oder den *Swimlanes* der UML Diagramme. Insbesondere bei Dienstleistungsprozessen bilden sie aber nicht nur die Verantwortlichkeiten und Tätigkeitsbereiche der beteiligten Organisationseinheiten ab, sondern stellen wesentliche Kundenkontaktpunkte dar. Durch die mehrfachen Trennlinien werden die Aktivitäten dann in ihrem jeweiligen Kundenbezug nochmals unterteilt. Kritisch sei anzumerken, dass die Integration mehrerer Sichten ein Blueprint schnell unübersichtlich werden läßt (vgl. (Burlefinger u. a., 2006, S. 12ff)). Insbesondere dann, wenn das Blueprint noch um zusätzliche Angaben zu Prozesszeiten, Kundenkontaktzeiten, In- und Outputs sowie Ressourcenverbräuchen ergänzt wird (vgl. (Büttgen, 2001, S. 156f)). Abbildung D im Anhang stellt einen Teil des Prozesses „Hotelübernachtung" als Blueprint ohne „Line of order penetration" dar.

3.3 Instrumente zur Bewertung von Prozessen

3.3.1 Prozesskostenrechnung

Da sich die entstehenden Kosten bei Dienstleistungen direkt auf den Anbietervorteil aus-
wirken, ist die Kostenbetrachtung ein wesentlicher Faktor bei der Gestaltung von Dienstleistungsprozessen. Dabei unterscheiden sich die Kostenaspekte im Vergleich zur Sachgüterproduktion in wesentlichen Bereichen (vgl. (Fließ, 2006, S. 182ff)):

- Der Anbieter muss ein Leistungspotenzial vorhalten auch wenn keine Nachfrage
  vorhanden ist und hat so erhöhte Fixkosten (Gemein- und Fixkostendominanz) bei
  geringen variablen Kosten.

- Die Nachfrage kann stark schwanken, so dass aufgrund der fehlenden Lagerhaltung
  eine ausgeglichene Kapazitätsauslastung erschwert wird.

- Durch die Integration des Kunden können gegebenenfalls unvorhersehbare Nachar-
  beitungskosten auftreten.

- Unsicherheiten entstehen durch das Eingreifen des Kunden in die Dispositionshoheit
  des Anbieters und führen zu zusätzlichen Kosten.

- Klassische, industriell geprägte Kostenstellenstrukturen können für Dienstleistungen
  nicht übernommen werden.

- Die Zuordnung von Kosten für Organisations- und Steuerungsaufgaben zu den Kal-
  kulationsobjekten ist schwer möglich.

Die Prozesskostenrechnung basiert dahingehend nicht auf der Aufteilung der Kosten auf
die Fertigungsmenge, sondern auf die durchzuführenden Aktivitäten. Gemeinkostenblöcke
werden so verursachungsgerecht aufgesplittet und das Zurechnungsproblem zu Organisationseinheiten, die prozessübergreifend an verschiedenen Aktivitäten beteiligt sind, entfällt.
Allerdings werden direkt zurechenbare Kosten auch weiterhin den Kostenträgern unmit-
telbar zugeordnet. Gemeinkosten, die sich auf einmalige oder stark übergeordnete Aktivitäten mit geringem Entscheidungsspielraum beziehen, werden auch hier geschlüsselt.
Eine Erweiterung für Dienstleistungsprozesse differenziert die Prozesskosten nochmals auf
Basis der Sichten des ServiceBlueprints[TM]und der Zeitanteile innerhalb der jeweiligen Ka-

tegorien (vgl. Schweikart (1997)). Insbesondere die Betrachtung der Leerkosten, die durch bereitgehaltene aber nicht genutzte Leistungskapaziäten entstehen, wird so vereinfacht (vgl. (Büttgen, 2001, S. 160)).

3.3.2 Service Level Agreements

Neben der reinen Kostenbetrachtung ist es insbesondere für Kunden auch wichtig die Qualität der extern bezogenen Dienstleistung zu beurteilen und dauerhaft sichern zu können. Hierzu schließt der Kunde mit dem Anbieter ein Service Level Agreement (SLA) bezüglich der zu gewährleistenden Servicequalität ab. Diese ist im wesentlichen durch möglichst objektiv ermittelbare Kennzahlen zu bestimmen (vgl. Burr (2002) und Burr (2003)). Die wesentlichen Inhalte eines Service Level Agreements sind nach (Burr und Stephan, 2006, S. 178f):

- Benennung der Vertragsparteien.

- Beschreibung der zu erbringenden Dienstleistung und zu erreichenden Ziele.

- Definition der Rollen, Leistungsbeiträge und Verantwortlichkeiten.

- Festlegung der Kennzahlen zur Qualitätsbeurteilung.

- Vordefinierte Prozedur zur Schlichtung von Meinungsverschiedenheiten.

- Einrichtung eines Mess- und Kontrollsystems zur Verifizierung der Qualität.

Service Level Agreements können hierbei von der Festlegung der Qualifikation der Inputfaktoren über Sicherstellung der zeitlichen Verfügbarkeit und Reaktionsgeschwindigkeit bis hin zur Definition der Ergebnisse alles enthalten und sind individuell verhandelbar. Kritisiert wird die nicht immer mögliche vollständige Quantifizierung von Leistungen als Qualitätsparameter. So bestehen insbesondere Dienstleistungsprozesse durch ihre Interaktion mit dem Kunden auch wesentlich aus dem zwischenmenschlichen Umgang, geprägt durch zum Beispiel Freundlichkeit und gegenseitigem Vertrauen (vgl. (Burr und Stephan, 2006, S. 180f)).

Kapitel 4

Zusammenfassung und Ausblick

Wie in Kapitel 2.4 dargestellt weisen Dienstleistungsprozesse trotz ihrer möglichen Einordnung in die klassische Produktionstheorie doch einige Besonderheiten auf, die sie im Rahmen der Analyse und der Bewertung stark von klassischen industriellen Geschäftsprozessen unterscheiden. Insbesondere die Integration des Kunden in den Produktionsprozess erfordert die zusätzliche Beachtung der durch den Kunden beeinflußbaren Faktoren und sich daraus ergebender Unsicherheiten. Eine zusätzliche Herausforderung stellen die individuellen Leistungsbündel dar, die den Einsatz von Referenzmodellen bei der Unternehmensführung aber auch der Prozessanalyse und -beurteilung erschweren. Moderne Unternehmen müssen aufbauend auf vorhandenen Vorgehensmodellen, wie dem Blueprinting, hier ihren eigenen Werkzeugkasten zur Analyse und Beurteilung ihrer Dienstleistungsprozesse zusammenstellen. Dabei ist die Balance zwischen Zeit, Kosten und Qualität bei der Prozessanalyse und -gestaltung aufgrund der schnell wechselnden Markt- und Kundenanforderungen immer schwerer zu halten. Die Fokussierung auf wertschöpfende Prozesse oder die Anpassung vorhandener Modelle, zugeschnitten auf die eigenen Bedürfnisse, kann hier die Lösung sein. Unverzichtbar ist die weitere Öffnung der Unternehmen hin zu den eigenen Kunden. Den nur durch die Einbeziehung der Kundensichten in die eigene Prozesse, so wie in Kapitel 3.2 dargestellt, lassen sich Prozessprobleme aufdecken und kundenorientierte neue Dienstleistungsbündel gestalten. Dazu gehört auch der umfassende Einsatz von Controllinginstrumenten (vgl. Kapitel 3.3) um die eigenen Anforderungen und die Anforderungen der Kunden in den Bereichen Zeit, Kosten und Qualität langfristig und konkurrenzfähig zu befriedigen.

Anhang

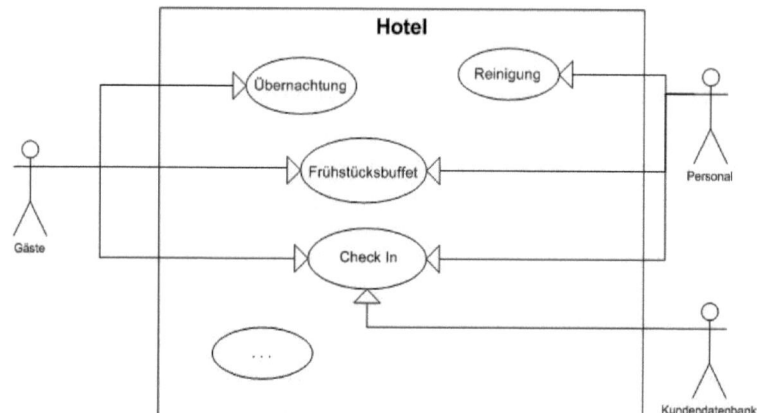

Abbildung A: Beispiel eines UML Anwendungsfalldiagramms

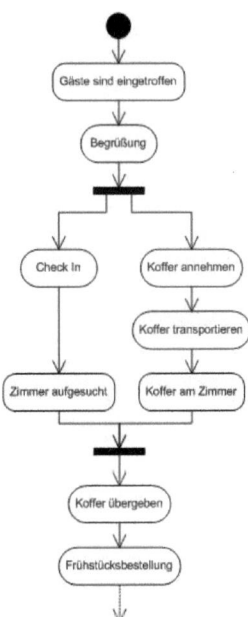

Abbildung B: Beispiel eines UML Aktivitätsdiagramms

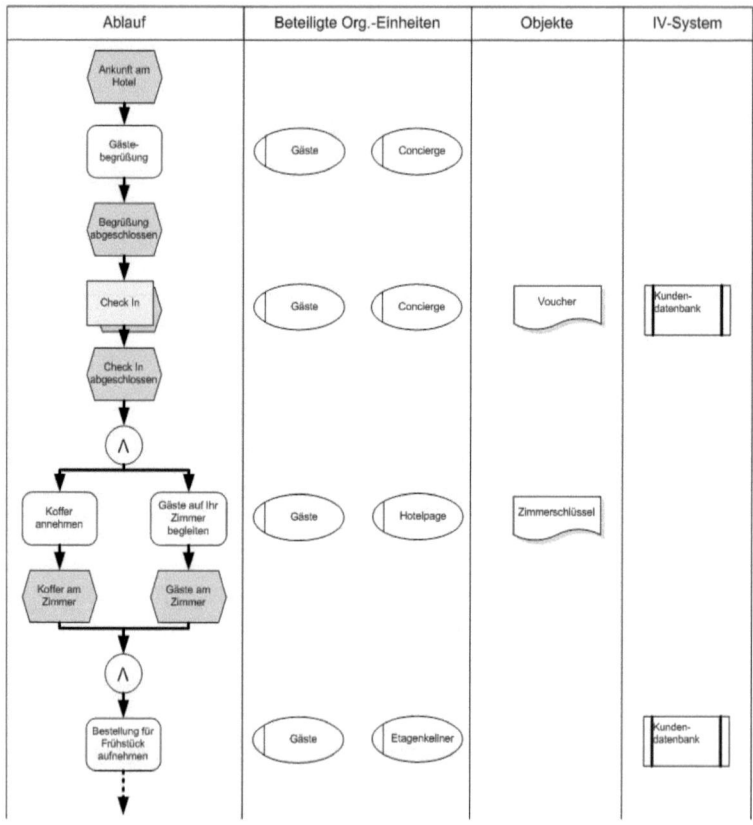

Abbildung C: Beispiel einer erweiterten Ereignisgesteuerten Prozesskette

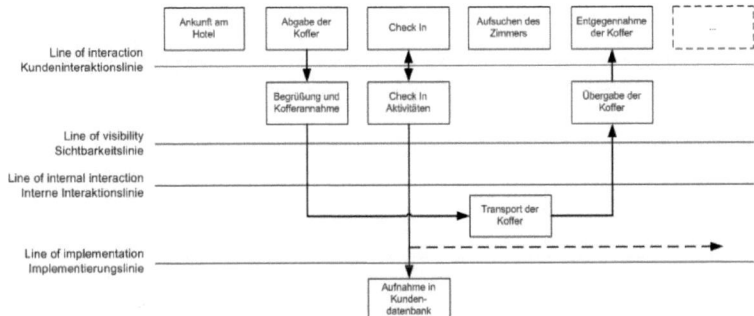

Abbildung D: Beispiel eines Blueprints (Quelle: In Anlehnung an (Büttgen, 2001, S. 157))

Literaturverzeichnis

[Altenburger 1980] ALTENBURGER, O.A.: *Ansätze zu einer Produktions-und Kosten-theorie der Dienstleistungen*. Duncker & Humblot, 1980

[Baethge und Wilkens 2001] BAETHGE, M. ; WILKENS, I.: *Die große Hoffnung für das 21. Jahrhundert*. Wilkens, 2001

[Becker u. a. 2002] BECKER, J. ; KUGELER, M. ; ROSEMANN, M.: *Prozessmanagement: ein Leitfaden zur prozessorientierten Organisationsgestaltung*. 3. Springer, 2002

[Bruhn und Stauss 2001] BRUHN, M. ; STAUSS, B.: *Dienstleistungsmanagement Jahr-buch 2001: Interaktionen im Dienstleistungsbereich*. Gabler Verlag, 2001

[Bundesamt 2008] BUNDESAMT, Statistisches (Hrsg.): *Statistisches Jahrbuch 2008 für die Bundesrepublik Deutschland*. Wiesbaden : Statistisches Bundesamt, 2008

[Burlefinger u. a. 2006] BURLEFINGER, S. ; MAYER, I. ; PETERSEN, L. ; SCHWEITZER, M.: Maßnahmen und Modelle zur Analyse von Dienstleistungsprozessen. In: *Veröffent-lichung des Arbeitskreises Dienstleistungsmanagement* (2006)

[Burr 2002] BURR, W.: Kategorien, Funktionen und strategische Bedeutung von Service Level Agreements. In: *Betriebswirtschaftliche Forschung und Praxis* 54 (2002), S. 510–523

[Burr 2003] BURR, W.: Service-Level-Agreements: Arten, Funktionen und strategische Bedeutung. In: *Praxishandbuch Service-Level-Management: Die IT als Dienstleistung organisieren*. Düsseldorf (2003), S. 33–46

[Burr und Stephan 2006] BURR, W. ; STEPHAN, M.: *Dienstleistungsmanagement: In-novative Wertschöpfungskonzepte im Dienstleistungssektor*. Kohlhammer, 2006

[Büttgen 2001] BÜTTGEN, M.: Kundengerechte Gestaltung von Dienstleistungsprozes-sen. In: *Dienstleistungsmanagement Jahrbuch 2001: Interaktionen im Dienstleistungs-bereich* (2001), S. 143–166

[Corsten 2001] CORSTEN, H.: *Dienstleistungsmanagement*. 4. Oldenbourg, 2001

[Davenport 1993] DAVENPORT, T.H.: *Process innovation: reengineering work through information technology*. Harvard Business School Press, 1993

[Demmler 2000] DEMMLER, H.: *Grundlagen der Mikroökonomie*. Oldenbourg Wissenschaftsverlag, 2000

[Doyle 2000] DOYLE, P.: *Value-based marketing: marketing strategies for corporate growth and shareholder value*. Wiley, 2000

[Engelhardt u. a. 1993] ENGELHARDT, W.H. ; KLEINALTENKAMP, M. ; RECKENFELDERBÄUMER, M.: Leistungsbündel als Absatzobjekte. In: *Zeitschrift für betriebswirtschaftliche Forschung* 45 (1993), Nr. 5, S. 395–426

[Fandel und Blaga 2004] FANDEL, G. ; BLAGA, S.: Aktivitätsanalytische Überlegungen zu einer Theorie der Dienstleistungsproduktion. In: *Zeitschrift für Betriebswirtschaft, Ergänzungsheft* (2004), Nr. 1, S. 1–21

[Fischermanns 2006] FISCHERMANNS, G.: *Praxishandbuch Prozessmanagement*. Schmidt, 2006

[Fließ 2002] FLIESS, S.: Dienstleistungsmanagement I: Theoretische Grundlagen des Dienstleistungsmanagement. In: *Lehrtext der Fernuniversität Hagen, Hagen* (2002)

[Fließ 2006] FLIESS, S.: *Prozessorganisation in Dienstleistungsunternehmen*. Kohlhammer, 2006

[Fließ und Kleinaltenkamp 2004] FLIESS, S. ; KLEINALTENKAMP, M.: Blueprinting the service company Managing service processes efficiently. In: *Journal of Business Research* 57 (2004), Nr. 4, S. 392–404

[Fließ u. a. 2004] FLIESS, S. ; LASSHOF, B. ; MECKEL, M.: *Möglichkeiten der Integration eines Zeitmanagements in das Blueprinting von Dienstleistungsprozessen*. Fernuniversität in Hagen, Douglas-Stiftungslehrstuhl für Dienstleistungsmanagement, 2004

[Gaitanides 1983] GAITANIDES, M.: *Prozeßorganisation: Entwicklung, Ansätze und Programme prozeßorientierter Organisationsgestaltung*. Vahlen, 1983

[Gaitanides 1998] GAITANIDES, M.: Business Reengineering / Prozessmanagement - von der Managementtechnik zur Theorie der Unternehmung? In: *Die Betriebswirtschaft* 58 (1998), S. 369–381

[Grässle u. a. 2000] GRÄSSLE, P. ; BAUMANN, H. ; BAUMANN, P.: *UML projektorientiert: Geschäftsprozessmodellierung, IT-System-Spezifikation und Systemintegration mit der UML*. Galileo Press, 2000

[Hammer und Champy 1995] HAMMER, M. ; CHAMPY, J.: *Business reengineering: die Radikalkur für das Unternehmen*. Campus, 1995

[IDS Scheer 2007] IDS SCHEER: Business Process Report 2007. (2007)

[Keller u. a. 1992]   KELLER, G. ; NÜTTGENS, M. ; SCHEER, A.W.: *Semantische Prozeß-modellierung auf der Grundlage „Ereignisgesteuerter Prozessketten (EPK)"*. Inst. für Wirtschaftsinformatik, 1992

[Kingman-Brundage 1989]   KINGMAN-BRUNDAGE, J.: The ABCs of service system blue-printing. In: *Designing a Winning Service Strategy, American Marketing Association, Chicago, IL* (1989)

[Littek u. a. 1991]   LITTEK, W. ; HEISIG, U. ; GONDEK, H.D.: *Dienstleistungsarbeit: Strukturveränderungen, Beschäftigungsbedingungen und Interessenlagen*. Ed. Sigma, 1991

[Lovelock und Wirtz 2001]   LOVELOCK, C.H. ; WIRTZ, J.: *Services marketing: People, technology, strategy*. Prentice Hall Upper Saddle River, NJ, 2001

[Maleri und Frietzsche 2008]   MALERI, R. ; FRIETZSCHE, U.: *Grundlagen der Dienst-leistungsproduktion*. 5. vollst. überarb. Springer, 2008

[Michalski u. a. 2007]   MICHALSKI, S. ; JÜTTNER, U. ; HAMMER, L.: Die Prozesswert-analyse als Ansatz zur Analyse von Wertschöpfungsprozessen in einem touristischen Dienstleistungsnetzwerk. In: *Forum Dienstleistungsmanagament: Wertschöpftungspro-zesse bei Dienstleistungen* (2007), S. 165–190

[Nordsieck 1972]   NORDSIECK, F.: *Betriebsorganisation*. Poeschel, 1972

[Oliver 1999]   OLIVER, R.L.: Value as excellence in the consumption experience. In: *Consumer value: A framework for analysis and research* (1999), S. 43–60

[Porter und Jaeger 1992]   PORTER, M.E. ; JAEGER, A.: *Wettbewerbsvorteile (Competi-tive advantage): Spitzenleistungen erreichen und behaupten*. Campus Verlag, 1992

[Scheer 1990]   SCHEER, A.W.: *EDV-orientierte Betriebswirtschaftslehre: Grundlagen für ein effizientes Informationsmanagement*. Springer, 1990

[Scheer und Thomas 2005]   SCHEER, A.W. ; THOMAS, O.: Geschäftsprozessmodellierung mit der ereignisgesteuerten Prozesskette. In: *Das Wirtschaftsstudium* 34 (2005), S. 8–9

[Schweikart 1997]   SCHWEIKART, J.: *Integrative Prozeßkostenrechnung: kundenorien-tierte Analyse von Leistungen im industriellen Business-to-Business-Bereich*. Deutscher Universitäts-Verlag, Wiesbaden, 1997

[Stabell und Fjeldstad 1998]   STABELL, C.B. ; FJELDSTAD, O.D.: Configuring value for competitive advantage: on chains, shops, and networks. In: *Strategic Management Journal* 19 (1998), Nr. 5, S. 413ff

[Stalk u. a. 2001]   STALK, G. ; EVANS, P. ; SHULMAN, L.: Competing on capabilities. In: *Understanding Business: Process* (2001)

[Stavenhagen 1969] STAVENHAGEN, G.: *Geschichte der Wirtschaftstheorie*. Vandenhoeck & Ruprecht, 1969

[Zeithaml 1988] ZEITHAML, V.A.: Consumer perceptions of price, quality, and value: a means-end model and synthesis of evidence. In: *The Journal of Marketing* (1988), S. 2–22